AF267099

NOTICE

SUR M. VAN PRAET.

Par M. Paulin PARIS, membre résidant.

(Extrait du xve volume des Mémoires de la Société royale
des Antiquaires de France.)

Le savant illustre que l'on a cru louer digne-
ment en disant qu'il était bibliothécaire par la
grâce de Dieu, Joseph-Basile-Bernard Van Praet
naquit à Bruges, le 27 juillet 1754, dans un ma-
gasin de librairie. Son père était imprimeur-
libraire, et l'exercice de cette profession était
chez lui l'aliment d'un goût naturel que le fils ne
devait pas tarder à partager. Joseph Van Praet,
encore bien jeune, entra dans le vaste et beau
collége de la ville d'Arras que venaient d'a-
bandonner les Pères Jésuites; car ici nous ne
croyons pas devoir suivre le sentiment de l'un de
nos savants confrères, M. le baron de Reiffen-
berg, qui, dans une précieuse notice consacrée à
la mémoire de M. Van Praet[1], le fait étudier à

(1) Lue dans la séance publique de l'Académie royale des
Sciences et Belles Lettres de Bruxelles, le 16 décembre 1839.

Paris dans le collége d'Arras. Longtemps avant la
naissance de Van Praet, les rentes fondées à Paris
dans le xiv° siècle au profit des jeunes écoliers du
comté d'Artois avaient été distraites de leur des-
tination légitime : dès l'année 1760, on ne trouvait
plus dans ce collége d'Arras de Paris ni boursiers
ni principal, et voilà pourquoi les revenus de sa
fondation et le soin de remplir les vœux du fon-
dateur furent bientôt après confiés au collége de
Louis-le-Grand, que l'on venait aussi d'enlever
aux Jésuites. C'est donc bien dans la ville d'Arras
que M. Van Praet suivit les cours de Grammaire
et, pour nous servir de la langue universitaire,
acheva ses *humanités*. Il avait à peine quinze ans
lorsqu'on vint par hasard à parler devant lui du
Catalogue de la bibliothèque de M. Gaignat, dont
il pouvait se souvenir d'avoir entendu vanter la
richesse dans sa première enfance : aussitôt il
écrivit directement à M. Guillaume de Bure l'aîné,
le libraire qui avait rédigé ce catalogue, pour le
lui demander, et, par bonheur, le prix ne dépas-
sait pas ses faibles épargnes. On a cru recon-
naître avec raison, dans l'acquisition de ce livre,
le premier que Van Praet ait acheté, la preuve
d'un goût naturel et déjà presque invincible pour
les recherches bibliographiques. Je ne sais, en
effet, si l'on pourrait citer l'exemple d'un autre
écolier de quatrième saisissant pour volume de
prédilection et pour première fantaisie littéraire,

non pas un recueil de contes ou de romans, un livre d'histoire ou de légendes pieuses, mais un gros et coûteux catalogue de livres rares et de belle condition.

Van Praet en finit avec le collége en 1772 ; il avait alors près de dix-huit ans. Sa famille ne tarda guère à le presser de désigner la carrière pour laquelle il avait quelque prédilection : Serait-il avocat ou juge, médecin ou professeur ? Mais l'ambition de notre jeune bachelier était fort restreinte ; il n'éprouvait aucun besoin d'obtenir dans le monde un grand nom ou d'y poser les fondements d'une grande fortune. Il ne devinait pas quel plaisir ou quel honneur on pouvait trouver à défendre tous les genres d'accusés, ou bien à pouvoir condamner tous les genres de coupables. Encore moins paraissait-il empressé de rendre aux enfants les mêmes leçons qu'il venait de recevoir, ou bien enfin de rechercher si les secrets de la médecine avaient plus de réalité que ceux de l'alchimie. A dire vrai, Van Praet n'avait déjà qu'une passion, il ne formait déjà qu'un vœu : c'était d'exister au milieu d'une bibliothèque, de la contempler, de la ranger, de la décrire ; et, puisque la fortune, qui plus tard devait si bien le servir, lui défendait alors de songer au bonheur de conserver de beaux et bons livres, il se bornait à souhaiter d'embrasser la profession de son père ; car il sentait déjà vivement que le libraire a beau vendre un grand nombre de livres, il faut qu'il en achète encore un plus grand nombre.

Heureusement le père de M. Van Praet eut le bon sens tous les jours plus rare de voir, sans trop de regrets, le jeune homme content de la modeste condition de sa famille. Il fut décidé que Joseph Van Praet resterait dans la librairie de Bruges, et pour mieux témoigner de la force de sa résolution, notre futur confrère sollicita l'honneur civique d'être compté parmi les *Chevaliers de l'Arbalète*. C'était une espèce de milice bourgeoise de la ville de Bruges, analogue à celle des *Chevaliers de l'Arquebuse* dans l'Ile-de-France, la Champagne et la Picardie, et que l'on pourrait aussi comparer à notre Garde Nationale si l'on trouvait dans les anciens registres des Archers de Bruges et des Arquebusiers de Meaux la moindre trace de mesures coërcitives et de police correctionnelle. Quoi qu'il en soit, Van Praet sentit, après six ans d'épreuve, que Bruges n'offrait pas un théâtre capable de satisfaire l'ardeur de sa passion favorite. Paris devint l'objet de ses vœux, et quelle joie indicible ne se promettait-il pas dans les lieux qu'embellissaient, non pas le Louvre, non pas l'Opéra, non pas les cafés ou les jardins publics, mais tant de magasins de livres, tant de grandes bibliothèques publiques et particulières ! Le père souscrivit encore aisément aux pressantes sollicitations du futur bibliographe ;

il consentit à son départ, il lui donna des lettres de recommandation pour les principales maisons avec lesquelles il entretenait lui-même des relations commerciales, et c'est ainsi que Van Prael, en arrivant à Paris, se vit admis sans trop de sollicitations chez le libraire Desaint, comme l'un des commis de la maison.

Il y demeura peu de temps. Quand il avait quitté Bruges en 1779, il connaissait déjà les livres, il avait déjà sérieusement étudié toutes les pièces justificatives de la grande histoire de l'imprimerie, et s'il devait, par une triste fatalité, passer ses jours dans les soins du commerce, sa place était du moins nécessairement marquée chez le libraire qui se recommandait alors le mieux à la considération de tous les amis des lettres par l'alliance du savoir, de l'expérience et de la probité. Vous voyez, Messieurs, que je veux parler des frères de Bure, dont la vieille et honorable réputation se soutient encore aujourd'hui dans une troisième génération digne de la première. M. Van Praet quitta bientôt Desaint pour entrer dans cette maison. Guillaume de Bure n'eut pas de peine à distinguer l'intervalle immense qui devait séparer le jeune Belge des autres employés de sa librairie. Il lui permit de s'occuper moins de la vente que de la distinction des bons livres, et l'on peut dire avec vérité qu'il le choisit moins pour être son commis que pour être son bibliothécaire.

Le goût des recherches dont les livres peuvent devenir l'occasion était alors plus répandu qu'il ne l'est aujourd'hui. Le nombre des grandes bibliothèques particulières étant pour ainsi dire infini, les connaissances du bibliothécaire étaient chaque jour mises à l'épreuve et devenaient l'objet de comparaisons fréquentes. Dans la plupart de ces vastes hôtels de Paris, séjour de l'opulence et de la grandeur, les collections de livres rares et précieux captivaient l'admiration des visiteurs, prévenaient quelquefois trop avantageusement en faveur du goût de ceux qui les avaient formées, et surtout exigeaient la présence habituelle d'un littérateur judicieux et rempli d'expérience. Il n'en est plus de même aujourd'hui. Nos grands seigneurs, s'il en reste encore, ne sont plus savants par procuration; ils aiment mieux ne plus l'être du tout. Ils ont peu de livres rares; partant, ils n'ont pas de bibliothécaires, et c'est ainsi que le goût des recherches bibliographiques ne pouvant plus être le fondement d'une honorable profession n'est plus cultivé que par quelques amateurs désintéressés ou par certains conservateurs de nos bibliothèques publiques.

Dans ce genre d'études et de connaissances qui doit en supposer tant d'autres, les plus fameux critiques étaient alors Dom Maugérard de Metz, l'abbé Mercier de Saint-Léger, l'auteur de la *Bibliographie instructive*, et enfin, au premier rang et bien supérieur à tous ses rivaux, du

moins dans son opinion personnelle, l'abbé Rives, bibliothécaire du duc de la Vallière. M. Van
Praet, dès le premier opuscule qu'il se sentit le
courage de publier, marqua sa place à côté de
l'abbé de Saint-Léger et fort près de l'abbé Rives.
Vers le mois de décembre 1779, et l'année même
de son départ de Bruges, il offrit à l'*Esprit des
Journaux*, recueil périodique alors fort répandu,
des *Recherches sur la vie de Colard Mansion*,
l'un des grands imprimeurs du xv⁰ siècle, et le
plus ancien de tous ceux que la ville de Bruges
s'honore aujourd'hui d'avoir vu naître. Colard
Mansion était alors peu connu; l'abbé de Saint-
Léger avait précédemment rappelé quelques-uns
de ses titres à l'attention des curieux : mais tout
en rendant hommage au travail de l'abbé de
Saint-Léger, M. Van Praet reprit le même sujet
et sut le traiter de façon à ne plus laisser à
d'autres l'espérance de mieux l'approfondir. Ce
morceau de critique, que l'auteur retoucha plus
tard, est déjà dans sa première forme l'un des
bons ouvrages de notre confrère. Il fut bientôt suivi d'autres recherches sur le beau manus-
crit des Tournois de Louis de Bruges, seigneur de
la Gruthuyse. Dans ce deuxième travail, M. Van
Praet montra décidément que la destinée lui
avait accordé toutes les qualités du bibliophile:
Il y traça nettement l'histoire du volume, il y
joignit des recherches prodigieusement exactes
sur le sire de la Gruthuyse dont il parvint à res-

tituer la vie entière ; enfin, il mit à son travail le
sceau de la perfection dont le genre était sus-
ceptible en entamant une polémique vive, acérée,
pressante avec l'abbé Ghieskière, auquel il était
arrivé de prononcer avec irrévérence le nom de
Colard Mansion.

Le troisième point des recherches de M. Van
Praet fut la vie des deux ducs de Brabant Henri III
et Jean II. Les manuscrits du xiiie siècle con-
servaient une chanson française de ce dernier
prince; elle fut reproduite avec exactitude dans
le même *Esprit des Journaux*, au mois de février
1781.

Ces trois opuscules sont bien écrits. Cependant
M. Van Praet avait pour les livres une passion
tellement forte qu'il ne sacrifiait pas volontiers à
la composition une partie, même très courte, du
temps qu'il pouvait consacrer à l'admiration des
beaux exemplaires de livres rares, à l'énumération
de leurs feuillets, de leurs réclames, de leurs ornements et de leur titre. Mais avant tout, il faut
le dire, il estimait dans ces monuments de l'art
typographique les particularités qui pouvaient en
indiquer, en fixer la date reculée, mettre sur la
trace du nom des savants qui les avaient compo-
sés, des imprimeurs qui les avaient reproduits, des
libraires qui les avaient vendus. Et quant à ces
raretés dont on mesure le prix sur la largeur des
marges et sur l'avantage d'une tranche à peine
effleurée par la main du relieur, jamais on ne vit

M. Van Praet en partager le bizarre et ridicule engouement. Un livre, quand il remontait au berceau de l'imprimerie, quand les caractères en étaient fermes et bien frappés, quand il était complet, quand ses ornements étaient de bonne taille, n'avait plus qu'un genre de mérite à joindre à tous ceux-là : c'était d'avoir une origine belge, et surtout d'être sorti des presses de Bruges, la première des deux patries de M. Van Praet.

Au moment où parurent les *Recherches sur Jean de Brabant*, tous les libraires de l'Europe étaient émus par une grande nouvelle : le plus splendide amateur de livres des temps modernes, le duc de La Vallière, petit-neveu de la sœur Louise de la Miséricorde, venait de mourir. Grâce à l'ardente et judicieuse activité de l'abbé Rives, il avait formé une admirable bibliothèque que son héritière, madame la duchesse de Châtillon, ne se souciait pas de conserver. Soit que le duc avant de mourir eût exprimé sur l'abbé Rives une opinion défavorable, soit que les héritiers eussent à cœur de punir le bibliothécaire d'avoir encouragé si longtemps les goûts dispendieux de M. de La Vallière, il est certain qu'avec plus de cruauté que de justice on interdit à l'abbé Rives le soin de dresser le Catalogue définitif des ouvrages que presque tous il avait choisis et classés. Ainsi donc, au moment de vendre à l'encan cette belle collection, on privait celui qui l'avait formée de la consolation de lui adresser un adieu définitif et de lui rendre pour ainsi dire les derniers honneurs. Il faut l'avouer, cette exclusion dut être et fut réellement pour l'abbé Rives un coup de foudre. Le libraire Guillaume de Bure, jusque-là son disciple, ayant été chargé de rédiger le Catalogue et de faire la vente, il y eut dès ce moment rupture ouverte entre l'abbé Rives et son fortuné rival. Le premier jura de se venger en démontrant à la face du monde, d'ailleurs assez inattentif, que Guillaume de Bure était un ignorant, un charlatan, un détestable libraire. Il ne démontra rien de tout cela; mais, en lisant avec surprise ses longues diatribes, ceux qui jusque-là croyaient devoir accuser d'ingratitude les héritiers du duc de La Vallière s'accordèrent à ne plus voir dans la disgrâce de l'abbé Rives que la juste punition de son orgueilleuse méchanceté.

M. Van Praet eut également part à la rédaction du Catalogue de La Vallière et aux insultes de l'abbé Rives. Nous devons ajouter que, toute sa vie, il conserva le souvenir le plus pénible et le plus amer de ces dernières. Quand un lecteur, par indiscrétion ou par oubli, venait à lui demander cette singulière *Chasse aux bibliographes*, dans laquelle le fougueux Rives avait déposé sa bilieuse fureur, M. Van Praet demeurait d'abord interdit; puis, comme ayant eu besoin de faire un effort, il allait lui-même chercher le volume dans l'isolement auquel il l'avait condamné; et quand il le remettait au solliciteur, c'était en détournant les yeux et d'une main tremblante d'émotion. Cependant, pour quiconque aura le moindre sentiment des convenances ou la plus légère habitude des querelles littéraires, les injures de Rives ne sembleront mériter que le sourire de la pitié; à force de grossièreté, elles tombent dans le domaine de la bouffonnerie, et c'est au point que l'on se voit contraint de remonter au P. Garasse pour leur trouver un objet de comparaison parfaitement convenable[1]. L'abbé Rives a pourtant sur l'antagoniste de Pasquier l'avantage de laisser à chaque pas les traces d'une érudition immense; mais, nous le répétons, le ton burlesque de ces diatribes les font surtout rechercher aujourd'hui, et l'on ne peut les achever sans vouer plus d'estime à ceux qu'elles prétendaient outrager, plus de mépris à celui qui n'avait pas rougi de se les permettre.

Il n'en est pas ainsi du *Catalogue des Livres de M. le duc de La Vallière*, que les curieux, les érudits, les littérateurs ne cesseront jamais de lire avec intérêt et de consulter avec profit. M. Van

---

(1) Ainsi notre savant et modeste confrère est tour à tour désigné dans cette satire comme un *embryon*, un *myrmidon*, un *puant Crétois*, un individu de la gent trotte-menu, une taupe du règne de la bibliopolie, une fouine bibliopolique, un vil fripier de libraire, un *bambino*, un vrai petit chien mordant, un garçon doué d'un bon sens laiteux et d'un petit nez imperceptible, etc., tout cela pour mieux démontrer que M. Van Praet ne connaissait pas exactement la date de la *Bible historiale*.

Praet fut chargé de décrire la collection des manuscrits, et cette tâche était sans contredit la plus
difficile. Le jeune bibliophile s'en acquitta avec
un admirable bonheur; il sut parler avec netteté,
précision, exactitude de tant de trésors jusque-là
demeurés complétement inconnus; il dit tout ce
qu'il fallait, rien au-delà. Grâce à ses recherches,
les erreurs dont fourmillaient les éditions de La
Croix du Maine et de Duverdier furent fréquemment redressées; on prit goût avec lui à la lecture
de nos anciens poëtes et de nos premiers prosa-
teurs; un nombre considérable de nouveaux noms
littéraires furent ajoutés aux listes données par
les Fauchet et les Barbasan; et même aujourd'hui
que la critique a pénétré plus avant dans l'histoire
des écrivains du moyen-âge, on est encore forcé
de s'appuyer à chaque pas sur le Catalogue des
manuscrits du duc de La Vallière, tant les erreurs
inséparables d'un pareil sujet y sont rares et clair-
semées, en comparaison des aperçus lumineux et
des indications nouvelles dont il offre une source
inépuisable.

Ce fut en 1783 que parut ce beau travail : on l'a
toujours considéré comme le premier titre littéraire de M. Van Praet; il lui ouvrit les portes de
la Bibliothèque du Roi. L'abbé Desaulnays, alors
garde des livres imprimés, demanda et obtint fa-
cilement du Bibliothécaire en titre l'admission
d'un jeune homme dont l'activité pouvait sup-
pléer à sa propre indolence, et dont l'érudition

bibliographique n'avait déjà plus de rivale en France. Dès lors tous les vœux de M. Van Praet se trouvèrent remplis, tous les rêves de sa vie réalisés. Bruges, comme je l'ai dit plus haut, était sa première patrie, la Bibliothèque du roi devint la seconde; et si jamais elle ne lui fit perdre le souvenir de la première, on peut dire que toutes deux semblèrent agir de concert pour lui faire oublier le reste du monde. En entrant dans ce magnifique arsenal de toutes les traditions de science et d'archéologie, M. Van Praet, comme s'il eût pénétré dans une sorte de congrégation littéraire, crut prononcer des vœux sacrés. Mais, avant de vous rappeler les nombreux services rendus par M. Van Praet à tous les amis des lettres pendant plus d'un demi-siècle, vous me permettrez, Messieurs, de vous arrêter un instant sur la constitution de cet établissement à l'époque, déjà bien éloignée, où notre confrère y entra revêtu du titre modeste d'*Ecrivain attaché à la garde des livres imprimés.*

Notre grande Bibliothèque publique est sans contredit de fondation purement royale, puisque tous les objets qui la composaient avant la révolution de 1789 avaient été rassemblés avec les deniers affectés aux dépenses particulières du roi. On peut même dire qu'elle formait, sous l'ancien régime, une sorte de ministère distrait de celui de la Maison du roi. Le Bibliothécaire, personnage considérable dans l'Etat par le crédit de sa famille

et l'étendue de ses connaissances littéraires, avait
le privilége de travailler directement avec le prince
et de ne devoir à nul autre le compte de ses plans
et de ses dépenses pour l'entretien de la Bibliothèque. Il désignait à la nomination du roi les
Gardes des quatre grandes collections, et ces Gardes, choisis parmi les noms les plus recommandés
dans les sociétés savantes, étaient personnellement
responsables du dépôt qui leur était confié et de
la conduite des personnes dont ils avaient de-
mandé l'adjonction au Bibliothécaire. Du reste,
bien que les collections ne fussent encore ouvertes
au public que deux jours de la semaine, tous les
employés secondaires subissaient en entrant la
condition rigoureuse de consacrer tout leur temps
et tous leurs travaux à la Bibliothèque; et, comme
on le devine, cet engagement entraînait l'obliga-
tion d'assurer l'existence de ceux qui se voyaient
forcés de le contracter. Ainsi, toutes les personnes
attachées à la Bibliothèque du Roi pouvaient vivre
de la Bibliothèque, et toutes avaient l'espérance
d'obtenir une certaine élévation de fonctions et
de traitement, non pas en considération de l'an-
cienneté de leurs services, mais surtout en pro-
portion de leur zèle, de leurs talents et de leurs
connaissances.

Cette ancienne organisation n'existe plus. On a
supprimé le Bibliothécaire, on a créé un conseil
d'administration formé de tous les Gardes ou Conservateurs. Mais, en ôtant à ce conseil la libre dis-

position des emplois supérieurs, on lui a fait
un devoir de considérer les fonctions même le
moins rétribuées comme la récompense des
épreuves les plus longues, et d'accorder l'avance-
ment qui pourrait à toute rigueur suffire à l'existence des titulaires, comme le juste prix, sinon de
la vieillesse, au moins de la vétérance. On peut
sans trop de peine entrevoir les inconvénients du
nouveau système : la nécessité d'avoir égard à la
date des services plutôt qu'à leur importance dé-
truit l'émulation dans sa base la plus solide ; et
l'administration, en n'assurant pas l'existence de
tous ses employés, risque de perdre le droit de récla-
mer tout leur dévouement et tout leur zèle. Mais ce
que l'on peut avancer de plus concluant contre
les règlements nouveaux, c'est que sous leur em-
pire M. Van Praet ne serait jamais entré dans la
Bibliothèque du Roi. Il venait alors de perdre son
père : sa mère réclamait à haute voix son retour
avec l'intention de le placer à la tête de la librairie
héréditaire ; sans doute il n'aurait pu se sou-
straire aux instances de sa famille s'il n'avait pu
lui opposer la perspective d'une autre carrière
honorable qui, dès lors, semblait mettre son
avenir à l'abri de toute inquiétude. En lui con-
fiant l'emploi le moins élevé du cabinet des livres
imprimés, on lui offrit le traitement de deux mille
livres, et non-seulement cette somme assurait
son indépendance, mais elle prévenait encore tous
les besoins qui pouvaient lui rester, les livres du

roi mettant un terme définitif à la seule passion qu'il eût paru nourrir jusqu'alors, celle de former une bibliothèque à son propre usage.

Le principal fruit que l'on espérait recueillir de l'entrée de M. Van Praet dans la Bibliothèque du Roi fut, il est permis de le supposer, la poursuite de la rédaction du grand Catalogue dont l'impression était interrompue depuis déjà près de cinquante ans. Mais l'homme qui, par ses études, son goût invincible et le vœu de ses collègues, semblait appelé à continuer et même à terminer cet important travail, devait en être détourné sans cesse. Et comment expliquer un pareil fait? Par un fait d'une toute autre importance; par la menace, l'approche et enfin l'avénement de la Révolution française; révolution opérée dans les esprits plusieurs années avant d'être réellement accomplie; révolution qui changea tous les rapports des éléments sociaux et qui soumit toutes les classes, tous les établissements administratifs, civils et militaires au despotisme des combinaisons politiques. Tandis que M. Van Praet, en comblant les lacunes des anciens inventaires se préparait à reprendre la tâche de ses prédécesseurs au point où ils l'avaient laissée, la France entière demandait à grand bruit la réforme de sa constitution, de son culte, de ses lois. Puis les *Notables* étaient convoqués, les *Etats-Généraux,* précurseurs de l'*Assemblée constituante,* puis l'*Assemblée législative,* puis enfin la *Convention nationale,* consé-

quence extrême et rigoureuse du mouvement ré-
volutionnaire auquel avait cédé la France. Nous
traverserons ces temps d'imposante et terrible
mémoire avec une rapidité d'autant plus grande
que M. Van Praet, au milieu des plus furieuses
passions, paraît être resté constamment impas-
sible. On a pourtant écrit dans ces derniers temps
que notre confrère « avait partagé avec franchise,
et non sans quelque enthousiasme, les opinions,
les vœux et les espérances de 1789. » Mais dans les
souvenirs de ses amis ni dans les anciennes notes
qu'il avait recueillies en assez grand nombre sur
cette époque de sa vie, il n'est pas resté la moindre trace des sentiments dont on paraît avoir souhaité de faire honneur à sa mémoire. Seulement,
vers 1785, nous le voyons occupé à mettre en
ordre la collection des livres de la reine Marie-
Antoinette ; et nous savons que, plus tard, M. Van
Praet se plaisait à rappeler l'intérêt que cette mal-
heureuse princesse avait témoigné pour celui
qu'elle avait chargé de ce travail. Quoi qu'il en
soit, il nous est permis de penser que, s'il partagea réellement les sentiments qui enivraient alors
le plus grand nombre, il dut regretter plus d'une
fois que le culte de la liberté ne s'accommodât
pas toujours parfaitement avec les intérêts et le
culte de la bibliographie. Au milieu des émotions
politiques, les collections de livres étaient négli-
gées ; les lecteurs se montraient chaque jour plus
rarement ; chaque jour aussi de nouveaux soup-

çons arrachaient à leurs fonctions, jusque dans l'intérieur de la Bibliothèque devenue nationale quelque employé protecteur ou collègue de M. Van Praet. L'abbé Desaulnays avait pris le sage parti de fuir; quelques mois après sa retraite dans une province éloignée de la capitale, le bibliothécaire, M. d'Ormesson, se vit dépouillé de sa charge au profit de deux hommes qui sans doute étaient alors, plus que lui, frappés des avantages du système républicain. Le premier, journaliste virulent, se nommait Carrat et monta bientôt après sur l'échafaud; le second, Champfort, disciple ardent de la philosophie de Voltaire et de la politique de Rousseau, ne conserva pas un an les fonctions auxquelles son mérite personnel lui donnait après tout de véritables droits. On le soupçonna d'appartenir à la faction de l'ancien Régime, lui qui, si nous en croyons Ginguené, son biographe et son ami, avait le premier donné le signal de *guerre aux châteaux! paix aux chaumières!* lui qui disait en 1792, à la vue de quelques voitures de place : *Je ne croirai pas à la Révolution tant que je verrai ces carrosses et ces cabriolets écraser les passants.* Un délateur se rencontra parmi les employés secondaires de la Bibliothèque : l'infâme Tobiesen Duby dénonça Champfort, dénonça l'illustre et vénérable Barthélemy, le jeune et inoffensif Van Praet. Champfort, l'abbé Barthélemy, l'abbé de Courçai, et

M. Van Praet furent conduits à la prison des
Madelonnettes; ils n'y restèrent que trois jours.
Mais M. Van Praet, ayant trompé la vigilance
des gardes, courut demander un asile à M. Théo-
phile Barrois; ce libraire, il faut le dire, était
alors assez avancé dans les idées républicaines;
mais tout en connaissant les dangers de l'hospi-
talité, il n'hésita pas un instant à risquer son
existence pour assurer celle d'un proscrit inoffensif. Par bonheur, on ne supposa pas que la
maison de Barrois pût jamais servir d'asile à des
ennemis de la patrie; et M. Van Praet y put demeu-
rer secrètement plus de trois mois. Pour Champfort et Barthélemy, ils furent rendus à la Bibliothèque du Roi, mais non pas à la liberté; car il
leur fallut subir la continuelle surveillance d'un
émissaire de la nation dont ils salariaient la présence importune, et qui ne les quittait pas même
la nuit. Après un mois passé dans cette pénible
intimité, et comme ils achevaient un repas fru-
gal, voilà qu'un gendarme vient leur ordonner
de se disposer à le suivre. A ces mots, Champfort
demande à passer dans la salle voisine, sous pré-
texte de quelques préparatifs; il saisit, il arme un
pistolet, il se fracasse le front et se perce l'œil
droit. Furieux de vivre encore, il s'empare d'un
rasoir, se déchire la gorge, se couvre d'innom-
brables blessures; efforts impuissants! il ne put
alors se débarrasser de la vie, et l'on parvint

même à cicatriser une partie de ses plaies. Mais
le chagrin fit bientôt ce que n'avaient pu con-
sommer ses mains désespérées.

Après la mort de Champfort, l'administration
de la Bibliothèque nationale fut confiée à Lefèvre de Villebrune, pédant ambitieux et lâche qui,
ne pouvant obtenir l'estime de ses collègues, prit
le parti de chercher à se débarrasser de leur con-
trôle. Van Praet venait de reprendre ses fonctions
de Commis à la garde des livres imprimés; il devint l'objet de la malveillance du délateur. Lefèvre l'accusa d'être Belge, d'être ennemi de la
nation et d'entretenir des relations avec les ennemis de la république; ces ennemis étaient
l'abbé Desaulnays et l'abbé Barthélemy. L'accu-
sateur n'eut pas à se féliciter du succès de ses
tentatives : Robespierre tomba, Van Praet conserva ses fonctions, Lefèvre se vit obligé de re-
noncer aux siennes [1]. On touchait à la fin de 1794;
Van Praet fut nommé d'abord garde par intérim
des livres imprimés, puis enfin, au mois d'octobre

(1) On peut juger, par ce que nous avons recueilli des sources
les plus authentiques, de la foi qu'on doit ajouter aux phrases
suivantes de la *Biographie universelle :* « Villebrune fut nommé,
« en 1796, *conservateur* à la Bibliothèque nationale, en rempla-
« cement de Champfort. Il *paraît* qu'il ne joua aucun rôle pen-
« dant la révolution, et que même il en désapprouva les excès
« avec assez de franchise. » M. Magnin, membre de l'Académie
des Belles-Lettres, a conservé les dénonciations autographes de
Lefèvre de Villebrune.

de l'année suivante, conservateur de la Bibliothèque nationale. Le décret qui lui accordait le
titre qu'il n'a pas cessé de conserver jusqu'à sa
mort avait été précédé d'une loi qui, changeant
les bases de l'ancienne administration, confiait la
direction de l'établissement aux conservateurs
des différents dépôts. Ces Conservateurs étaient
au nombre de huit, et ce fut avec Capperonnier
que M. Van Praet partagea le soin des livres imprimés.

Ici s'ouvre une nouvelle ère pour la Bibliothèque nationale. Devenue dépôt central de toutes
les collections publiques formées avant la révolution, soit par des corporations religieuses, soit
par les princes du sang et les autres grands seigneurs dont les biens avaient été confisqués, elle
vit augmenter dans une progression, pour ainsi
dire monstrueuse, les richesses qui déjà la ren-
daient, depuis un siècle, la première bibliothèque
du monde. Dès le lendemain de leur installation,
les nouveaux conservateurs durent veiller à l'entrée d'une innombrable multitude de pierres gra-
vées, de médailles, d'antiquités, d'estampes, de
manuscrits et de livres imprimés. M. Van Praet
se chargea de présider à la classification de ces
derniers, et le monde lettré ne peut trop se féliciter aujourd'hui de ce qu'une tâche aussi difficile
soit alors tombée en de pareilles mains. Quelle
patience en effet, quel dévouement et quel courage ne fallut-il pas pour distinguer dans cet

amas de volumes ceux que l'on devait estimer
inutiles comme étant déjà réunis aux anciens
fonds, ceux qu'il était bon de préférer à d'autres
exemplaires moins beaux ou moins complets,
ceux enfin que l'on devait s'empresser d'ajouter
aux volumes déjà pressés dans cette *Vallée de Jo-
saphat* de la littérature! M. Van Praet pourvut à
tout, et son attention parut se multiplier en pro-
portion des devoirs qu'il s'était imposés. En
moins de trois années, les livres doubles furent
mis à la disposition des bibliothèques secondaires; les exemplaires multipliés furent vendus au
profit d'autres établissements littéraires, et les ouvrages dont la Bibliothèque nationale venait de
s'enrichir occupèrent une place, définitive pour
les uns, provisoire pour les autres, dans les nombreuses galeries récemment disposées pour les
recevoir[1]. Et quand on songe qu'au moment même
où notre confrère ne reculait pas devant une tâche qui aurait effrayé les libraires les plus habiles, le gouvernement exigeait qu'à l'avenir la Bibliothèque nationale fût ouverte tous les jours au
public pendant quatre heures, et que tous les
livres conservés fussent mis sans exception à la

---

(1) Aujourd'hui le Catalogue des livres imprimés de la Bibliothèque royale devrait, pour ainsi dire, être celui de toutes les pro-
ductions de la Typographie. Heureux le Bibliothécaire qui pourra
attacher son nom à une pareille œuvre! C'est la *terre promise*
dans laquelle il n'a pas même été donné à M. Van Praet de pé-
nétrer.

disposition de tous ceux qui viendraient en demander la communication, on est involontairement ému de reconnaissance pour le savant qui
parvint à donner le premier mouvement à cette
énorme machine, et qui ne fut pas écrasé sous un
tel fardeau. C'est alors surtout que l'on devine
aisément comment l'homme du monde le mieux
fait pour rédiger un catalogue excellent n'a pu
trouver, à son grand regret, dans toute sa vie, le
temps de continuer ou de refaire celui que l'on
avait commencé avant lui.

Tous ceux qui pendant les trente premières
années du xix_e siècle ont fréquenté la Bibliothèque du Roi, se rappellent avec une sorte de
charme les traits de M. Van Praet. Quel est celui
d'entre nous, Messieurs, qui ne voit encore cet
homme de bien, affaibli par le temps et blanchi par
les années, toujours vif cependant et toujours prêt
à traverser de nombreuses et vastes salles, à gravir
des escaliers étroits, des échelles souvent mal assurées pour abréger le temps du solliciteur le
plus inconnu? Une fois les heures de service
commencées, M. Van Praet semblait oublier ses
amis les plus chers, pour les retrouver, sans distinction, dans la foule qui ne cessait d'assiéger
son bureau. Quiconque avait besoin d'une indication difficile venait en toute confiance à lui,
comme à la source de tous les souvenirs et de
toutes les traditions littéraires. Aviez-vous perdu
le titre ou la date précise d'un ouvrage, et cet

oubli justifiait-il le refus des employés même les
plus habiles? M. Van Praet, dès qu'il avait pu
deviner votre embarras, quittait son poste avec
une légèreté de bon augure et, sans vous avoir
rien promis, sans avoir distingué le savant, le
littérateur ou l'écolier qui l'avait interrogé, vous
apportait rapidement le livre comme en triom-
phe; puis, sans écouter vos remercîments, sans
remarquer votre reconnaissante admiration, il
prêtait l'oreille à quelque autre et recommençait
ses allées rapides et ses heureux retours. Ainsi
quatre heures de chaque jour s'écoulaient pour
lui : en 1832, le gouvernement crut bien faire en
augmentant d'une heure le temps du service
public; c'était en effet retarder d'autant la rédaction définitive des catalogues : Quoi qu'il en
soit, personne ne réclama et M. Van Praet se
plaignit moins que personne; il fit des excès de
travail comme d'autres font des excès de plaisir;
mais il n'était plus dans un âge à les supporter
sans danger, et l'on croit en général que le terme
de sa vie fut avancé par ce changement imprévu
dans la distribution de ses journées.

M. Van Praet était de petite stature, d'un exté-
rieur agréable et distingué, d'un costume toujours élégant quoique sans recherche. Il n'était
pas insensible au charme de la conversation et du
commerce des femmes; il se plaisait à suivre les
jeux des enfants et même à les partager; mais
l'unique passion de toute sa vie fut la Biblio-

thèque du Roi. Doué d'une santé robuste, il est certain que pendant près de quarante années il ne lui arriva jamais de quitter les salles de livres, sinon pour prendre ses repas, assister à quelque représentation dramatique et se livrer au sommeil. Le lendemain, il courait en se levant retrouver ses armoires chéries ; mais il faut avouer que le mariage et les soins qu'il entraîne, auraient pu s'accommoder assez mal de cette habitude invincible. Aussi notre confrère ne pensa-t-il jamais à se marier; en présence de ses belles collections pouvait-il supposer qu'il lui manquât quelque chose? Il avait néanmoins quelques amis sincères et dévoués qui, partageant ses goûts studieux et ses douces passions littéraires, venaient le visiter à certains jours de chaque semaine dans les grandes salles de la bibliothèque, après les heures du service public. Tels étaient M. Parison, qui prit le soin de surveiller l'impression des dernières feuilles de la *Bibliothèque du roi Charles V;* M. de Bure, fils de l'honorable Guillaume de Bure qui avait si bien dirigé les premiers pas de M. Van Praet; M. Magnin, dont la sagacité de M. Van Praet avait d'abord distingué le rare mérite, et qui, plus tard, devait devenir le collègue de l'homme excellent qui l'avait toujours honoré d'une affection particulière.

Les instants consacrés chaque jour au service public étaient, on le sent, bien loin de restreindre dans leur cercle les recherches et les études

bibliographiques de M. Van Praet. A peine l'heure
de la sortie générale avait-elle sonné, que notre
confrère, jusqu'au moment où la nuit venait le
surprendre, passait pour ainsi dire la revue de
son armée, reconnaissait les noms, examinait la
condition, et fixait ou restituait les rangs de cette
multitude innombrable. La correspondance réclamait encore une partie de sa sollicitude. Nos
armées victorieuses pénétraient tour à tour dans
Madrid, dans Rome, dans Naples, dans Berlin et
dans Vienne. Bonaparte, général, premier con-
sul ou empereur, voulait que la France recueillît
même des fruits littéraires de ses victoires, et les
conservateurs de la Bibliothèque avaient ordre
d'envoyer aux Chargés d'affaires de la France la
note des éditions, des manuscrits et des médailles
qui pouvaient encore ajouter à la richesse des
cabinets de la Bibliothèque nationale. M. Van
Praet ne perdit aucune des nombreuses occasions que la fortune offrait alors à la France, et plusieurs fois chaque année, d'énormes ballots de
livres lui parvenaient de l'Allemagne ou de l'Ita-
lie. Ces trésors littéraires, la France en jouit tant
que nos triomphes se succédèrent; mais la fortune les avait donnés, le temps vint où la Fortune nous les redemanda. Hâtons-nous d'ajouter
cependant que M. Van Praet, de concert avec
M. Dacier et M. Millin, sut alors, par une succession
de fraudes pieuses, honorables puisqu'elles étaient
inspirées par l'amour du devoir et de la patrie,

tromper fréquemment les réclamations qui sem-
blaient les mieux fondées. Dans le nombre des
ouvrages redemandés, plusieurs avaient été ran-
gés près d'autres exemplaires moins précieux,
inscrits sur les vieux inventaires. Ces inscriptions
assurèrent dans les quatre départements de la
Bibliothèque plus d'un titre de propriété d'ailleurs assez contestable; et c'est ainsi qu'à la place
de volumes complets admirablement reliés, de
médailles à fleur de coin et de gravures avant la
lettre, les poursuites de l'étranger n'atteignirent
souvent que des volumes mutilés, des médailles
frustes et des gravures d'un médiocre tirage. La
France n'a donc pas encore perdu tout le fruit de
ses conquêtes dans le domaine de l'archéologie,
des beaux-arts et des belles-lettres : et ce domaine a bien aussi quelque prix.

Si le nom de M. Van Praet ne devait pas rester
à jamais illustre, comme le modèle le plus accompli
que puissent se proposer les bibliothécaires, les
ouvrages qu'il a publiés longtemps après le célè-
bre catalogue du duc de La Vallière suffiraient
pour justifier l'empressement que les corps savants les plus illustres ont mis à le recevoir dans
leur sein. Vers 1800, il entreprit la description de
tous les volumes imprimés sur peau de vélin que
l'on conservait dans le vaste dépôt qui lui était
confié. Il fit paraître un premier essai de son travail en 1805 : c'était un opuscule de vingt pages
in-folio. En 1813, il remplaça cette publication

par un volume du même format, dans lequel il comprit l'histoire de ces curieux exemplaires, depuis 1457 jusqu'à 1472. Enfin, en 1822, le même travail parut, avec toute l'étendue que M. Van Praet souhaitait de lui donner, sous le titre de *Catalogue des livres imprimés sur vélin qui se trouvent à la Bibliothèque du roi et en divers dépôts tant publics que particuliers.* Cet ouvrage immense ne le cède guère en exactitude et en érudition bibliographique au *Catalogue de La Vallière.* On pourra le compléter; on pourra même, comme a dernièrement souhaité de le faire un ingénieux écrivain, [1], y redresser certaines erreurs de détail; mais l'ouvrage, dans son ensemble, sera toujours indispensable à toutes les grandes collections, et jamais on ne s'avisera de le recommencer.

Bien différent de la plupart des auteurs, M. Van Praet revoyait toujours avec une extrême sévérité le résultat de ses études précédentes. En 1829, il donna sur Colard Mansion une seconde notice dans laquelle il trouva moyen, non pas de relever les erreurs de la première, mais bien d'ajouter quelques précieux documents à ceux qu'il avait autrefois réunis. En 1831, il soumit à la même censure ses premières *Recherches sur Louis de Bru-*

(1) **M. Charles Lenormand**, conservateur des livres imprimés, et successeur de M. Van Praet. — Voyez le *Bulletin du Bibliophile,* publié par Techener. Année 1840.

ges, seigneur de la Gruthuyse; et quand la mort
le surprit, elle le trouva corrigeant les premières
épreuves de son *Inventaire de l'ancienne Bibliothèque du Louvre,* d'après le catalogue de 1373,
dressé par Gilles Mallet. On doit croire que, s'il
avait eu le temps à sa disposition, il aurait joint à
cet inventaire de Gilles Mallet celui que Deses-
sarts avait dressé en 1411, et dans lequel les volumes, plus amplement décrits, sont encore aujourd'hui reconnaissables, malgré les transforma-
tions de leurs reliures. Cette dernière publication
est la moins exacte de toutes celles que nous devons à M. Van Praet, et la meilleure raison que
l'on puisse donner de cette infériorité, c'est que
la destinée ne lui permit pas de l'achever.

Au reste, l'amateur de livres le plus passionné
de son siècle, possédait lui-même peu de livres.
Il est bien vrai que chaque jour, de toutes nos provinces et de toutes les contrées de l'Europe, des
volumes rares, des ouvrages somptueux lui étaient
offerts comme autant de témoignages de déférence
pour son érudition, de respect et de reconnaissance pour ses bienveillants conseils. Mais en
général ces envois venaient le trouver dans les
galeries de lecture publique, et il était bien rare
qu'ils en sortissent jamais. Comme une grande
idée dominait chez lui toutes les autres, il rap-
portait au bien, à la fortune de la Bibliothèque
tout ce qui lui advenait en particulier d'avanta-
geux et de profitable. Souvent sollicité de séparer

ses propres richesses bibliographiquès de celles
qui appartenaient à l'Etat, M. Van Praet ne recevait pas ces avertissements sans impatience ; car
il ne voulait pas avoir l'air d'oublier le soin de
ses intérêts personnels, et c'est en cachette qu'il
eût toujours souhaité de remplir à ses dépens
un vide dans les cadres de la Bibliothèque
du roi. A la crainte qu'il ressentait d'être reconnu
dans les insertions de ce genre, on eût dit qu'il
pensait commettre une action blâmable, et il s'en
défendait avec une sorte de chagrin toutes les
fois qu'il était pris sur le fait. Mais dans ce dernier cas et d'un ton de mauvaise humeur, il s'é-
criait : « Eh bien! quand il y en aurait un de plus,
le grand mal!... » Voilà quel était M. Van Praet.[1]

Il n'avait guère réservé pour sa collection que
les ouvrages sortis des presses de Colard Mansion.
Les derniers mots qu'il prononça la veille de sa
mort, arrivée le 5 février 1837, furent pour léguer
à la Bibliothèque du roi celles de ces éditions
qu'elle ne possédait pas encore, et pour recom-
mander qu'on fît don de toutes les autres à la
ville de Bruges, sa patrie. *Bruges* et la *Bibliothèque
du roi* furent les derniers mots que sa bouche
prononça distinctement ; il les avait aimées toutes
deux de la même tendresse, toutes deux devront

---

(1) Il est arrivé souvent à M. Ballin, aujourd'hui conserva-
teur-adjoint de la Bibliothèque royale, de surprendre ainsi
M. Van Praet en *flagrant délit :* je tiens de lui ces détails.

à jamais conserver le culte de son nom et le respect de sa mémoire.

M. Van Praet nous fut enlevé dans sa quatre-
vingt-troisième année. Nous passerons rapidement sur les distinctions et les honneurs qui
vinrent le chercher vers la fin de sa longue et
mémorable carrière. En 1814, il fut inscrit sur
l'une des premières listes de promotions faites
par le roi Louis XVIII dans l'ordre de la Légion-
d'Honneur; car sur la terre étrangère le nom de
Van Praet avait retenti souvent aux oreilles du
vieux roi. Les Pays-Bas, quelque temps après, lui
offrirent une place dans leur nouvel Institut et
dans l'Académie des Arts et Sciences de la ville
d'Utrecht. Le mouvement scientifique, longtemps
dominé par l'intérêt des questions politiques et
par l'asservissement de la presse, ayant repris
tout son essor, nos provinces se peuplèrent d'as-
sociations littéraires, et la plupart d'entre elles
regardèrent comme un honneur pour elles d'in-
scrire dans leurs rangs le nom de M. Van Praet;
ainsi devint-il membre de la Société d'Emu-
lation de Cambrai, de la Société des Antiquaires
de Normandie et de celle de la Morinie. Enfin,
l'Académie des Inscriptions et Belles-Lettres,
après avoir assez longtemps attendu que M. Van
Praet sollicitât les suffrages de ses membres, prit
le parti de le dispenser des formalités d'une can-
didature sérieuse. Il fut admis dans le sein de
cette Compagnie presque à l'unanimité; et tandis

qu'il était sincèrement ému de l'honneur qu'il recevait, tout le monde paraissait au contraire étonné qu'il eût tardé si longtemps à le recevoir.

Pour vous, Messieurs, vous aviez, dès les premiers temps de la fondation de l'Académie Celtique, admis dans votre sein M. Van Praet. Longtemps assidu à vos séances que son érudition judicieuse et variée rendait doublement précieuse à nos anciens collègues, il prit encore à vos travaux l'intérêt le plus vif, même quand ses occupations multipliées ne lui permirent plus de se rendre à vos conférences avec la même assiduité. Il saisissait alors avec empressement les occasions nombreuses qui lui étaient présentées de s'associer à vos études, à vos investigations, soit en vous mettant sur la trace des auteurs dont vous recherchiez le témoignage, soit en vous tenant, lui-même, lieu des autorités le plus justement recommandables. Aussi la Société des Antiquaires de France ne cessera-t-elle jamais de compter parmi les hommes qui l'ont illustrée, l'auteur de plusieurs savants ouvrages, et le plus ardent, le plus dévoué, le plus parfait des bibliothécaires, M. Joseph Van Praet.

Imprimerie de E. DUVERGER, rue de Verneuil, no 4.